Wie man Dubletten im Datenbestand findet und vermeidet

Über den Autor:

Der Informatiker Dipl.-Math. Klaus-Dieter Sedlacek studierte an der Universität Stuttgart Mathematik und Informatik und beschäftigte sich seit dem Studium mit Fragen der künstlichen Intelligenz. Heute arbeitet er als System Analyst für die Firma TOLERANT Software in Stuttgart.

Über das Buch:

In einer Welt, in der Daten das neue Gold sind, ist die Vermeidung von Dubletten in Datenbeständen entscheidend für die Effizienz und Genauigkeit von Datenanalysen und Geschäftsentscheidungen. Klaus-Dieter Sedlacek, ein Experte auf dem Gebiet der Informatik und künstlichen Intelligenz, bietet im Werk "Wie man Dubletten im Datenbestand findet und vermeidet" ein umfassendes Kompendium an Strategien und Methoden zur Datenpräparation. Von der Normalisierung von Namen und Adressen bis hin zu fortgeschrittenen Algorithmen zur Duplikaterkennung, deckt Sedlacek alle Aspekte ab, die für das moderne Datenmanagement unerlässlich sind. Dieses Buch ist ein unverzichtbarer Leitfaden für jeden, der in der Datenverarbeitung tätig ist, und bietet praktische Lösungen für ein Problem, das in der digitalen Ära zunehmend an Bedeutung gewinnt.

Wie man Dubletten im Datenbestand findet und vermeidet

Personen-Suchfelder passend präparieren

Von

Klaus-Dieter Sedlacek

TOLERANT Software

TOLERANT Software Fachbuch Bd. 3

TOLERANT Software

© 2024 Klaus-Dieter Sedlacek

Sprache der Originalausgabe: Deutsch

Druck und Distribution im Auftrag des Autors/der Autorin:
tredition GmbH, Halenreie 40-44, 22359 Hamburg, Deutschland

Softcover ISBN 978-3-384-20706-7

Das Werk, einschließlich seiner Teile, ist urheberrechtlich geschützt. Für die Inhalte ist der Autor/die Autorin verantwortlich. Jede Verwertung ist ohne seine/ihre Zustimmung unzulässig. Die Publikation und Verbreitung erfolgen im Auftrag des Autors/der Autorin, zu erreichen unter: tredition GmbH, Abteilung "Impressumservice", Halenreie 40-44, 22359 Hamburg, Deutschland.

Inhaltsverzeichnis

1. EINFÜHRUNG IN DIE PRÄPARATION VON PERSONEN-SUCH-FELDERN..................7

   1.1 Bedeutung der Suchfeldpräparation zur Dublettenvermeidung..................7
   1.2 Überblick über gängige Herausforderungen und Ziele.....9

2. GRUNDLAGEN DER DATENPRÄPARATION..................11

   2.1 Definition und Relevanz von Personen-Suchfeldern........11
   2.2 Typische Struktur und Inhalte von Personen-Suchfeldern 13
   2.3 Allgemeine Prinzipien der Datenbereinigung..................15

3. SPEZIFISCHE METHODEN ZUR PRÄPARATION VON PERSONEN-SUCHFELDERN..................18

   3.1 Namensfelder..................18

      3.1.1 Normalisierung von Vor- und Nachnamen (z.B. Entfernung von Titeln und Suffixen)..................18
      3.1.2 Umgang mit internationalen Namenskonventionen 20
      3.1.3 Behandlung von Sonderzeichen und Diakritika........22

   3.2 Adressfelder..................25

      3.2.1 Standardisierung von Adressformaten..................25
      3.2.2 Bereinigung und Konsolidierung von Adresszusätzen 27
      3.2.3 Umgang mit abweichenden Schreibweisen von Ortsnamen..................29

   3.3 Kontaktdaten..................32

3.3.1 Einheitliche Formate für Telefonnummern............32
3.3.2 Normalisierung von E-Mail-Adressen....................34

3.4 Geburtsdaten..37

3.4.1 Standardformate und deren Einfluss auf die Eindeutigkeit....................37

4. PHONETISCHE ALGORITHMEN ZUR DUBLETTENVERMEIDUNG....................40

4.1 Überblick und Einsatzgebiete phonetischer Algorithmen 40

4.2 Anwendungsbeispiele und Effektivität im Kontext von Personen-Suchfeldern....................42

5. BEST PRACTICES UND RICHTLINIEN....................45

5.1 Strategien zur laufenden Pflege und Aktualisierung von Personen-Suchfeldern....................45

5.2 Qualitätskontrolle und Testing von Präparationsmethoden....................48

5.3 Datenschutzaspekte bei der Bearbeitung von Personenbezogenen Daten....................51

6. FALLSTUDIEN UND ANWENDUNGSBEISPIELE....................54

6.1 Erfolgreiche Projekte zur Dublettenvermeidung durch geeignete Präparation....................54

6.2 Analyse von Problemfällen und deren Lösungsansätze. 56

7. FAZIT UND AUSBLICK....................59

7.1 Zusammenfassung der Kernpunkte....................59

7.2 Empfehlungen für die Implementierung in der Praxis....61

ANHANG....................64

Glossar....................64

Verzeichnis der TOLERANT Softwareprodukte....................70

1. EINFÜHRUNG IN DIE PRÄPARATION VON PERSONEN-SUCHFELDERN

1.1 Bedeutung der Suchfeldpräparation zur Dublettenvermeidung

In der digitalen Datenwelt, wo jedes Byte zählt und die Reinheit der Information Gold wert ist, erhebt sich die Suchfeldpräparation wie ein Leuchtturm der Ordnung aus dem stürmischen Meer der Datenchaos. Ein Schlüsselaspekt dieser strahlenden Wacht ist ihre unverzichtbare Rolle bei der Vermeidung von Dubletten, jenen heimtückischen Doppelgängern der Datenwelt, die nicht nur die Effizienz untergraben, sondern auch die Integrität und Zuverlässigkeit von Datenbanken gefährden.

Dubletten – flüchtige Schatten in der Datenlandschaft, entstehen oft durch kleinste Inkonsistenzen in den Suchfeldern, seien es Tippfehler, unterschiedliche Namenskonventionen oder variierende Adressformate. Diese scheinbar harmlosen Unterschiede sind wie Fallen, die unvorsichtige Daten in die Irre führen, sie in die Fänge von Redundanz und Verwirrung treiben.

Hier kommt die Kunst der Suchfeldpräparation ins Spiel. Sie gleicht einem sorgfältigen Gärtner, der sein Feld bestellt, Unkraut jätet und sicherstellt, dass jede Pflanze – oder in diesem Fall jedes Datenstück – in reinster Form wächst und gedeiht. Durch die Standardisierung und Bereinigung von Namen, Adressen und anderen kritischen Suchfeldern verwandelt sie

1. Einführung in die Präparation von Personen-Suchfeldern

potenzielle Duplikate in eindeutig identifizierbare Einheiten, bereit, ihren einzigartigen Platz in der Datenbank einzunehmen.

Die Präparation von Suchfeldern ist daher nicht nur eine Frage der Ästhetik oder Ordnung. Sie ist eine strategische Notwendigkeit, die das Fundament einer jeden Datenverarbeitungsoperation stärkt. Durch die Eliminierung von Dubletten verbessert sie nicht nur die Datenqualität, sondern optimiert auch Suchabfragen, erhöht die Effizienz von Marketingkampagnen und stärkt die Entscheidungsfindung – ein echtes Kraftwerk im Motor der Datenverarbeitung.

In der Praxis bedeutet dies, dass jeder Dateneintrag vor seiner Eingliederung in die Datenbank einer gründlichen Inspektion und Bearbeitung unterzogen wird. Diese Vorbereitung ist ein Bollwerk gegen die Flut von Fehlern und Inkonsistenzen, ein Schutzschild, das die Datenintegrität wahrt und das Risiko von Fehlinterpretationen minimiert.

Die Bedeutung der Suchfeldpräparation zur Dublettenvermeidung kann daher nicht hoch genug eingeschätzt werden. Sie ist ein wesentliches Element im Kampf gegen die Unordnung der Daten, ein Leitstern, der den Weg zu Klarheit, Effizienz und Verlässlichkeit weist. In einer Welt, die zunehmend von Daten angetrieben wird, ist die Suchfeldpräparation nicht nur eine Tugend, sondern eine unabdingbare Notwendigkeit.

1.2 Überblick über gängige Herausforderungen und Ziele

Im Herzen der digitalen Transformation, wo Daten das neue Öl sind, stehen Unternehmen vor der monumentalen Herausforderung, ihre Datenbestände nicht nur zu verwalten, sondern sie in eine Quelle nachhaltiger Wertschöpfung zu verwandeln. Der Gliederungspunkt "Überblick über gängige Herausforderungen und Ziele" wirft ein Schlaglicht auf die Sisyphusarbeit, die hinter der scheinbaren Ruhe der Datenlandschaften lauert, und skizziert die Ziele, die Unternehmen anstreben, um ihre Daten effektiver zu nutzen.

Die Herausforderungen sind vielfältig und komplex. An erster Stelle steht die Duplikaterkennung und -vermeidung, ein leidiges Problem, das nicht nur Speicherplatz verschwendet, sondern auch zu Fehlentscheidungen führen kann. Die Ursachen sind mannigfaltig: Von inkonsistenten Dateneingaben über unterschiedliche Schreibweisen bis hin zu fehlenden Standards. Jedes Duplikat ist ein Stolperstein auf dem Weg zu einer sauberen, effizienten Datenbank.

Ein weiteres großes Hindernis ist die Datenaktualität und -qualität. Veraltete Informationen können zu ineffizienten Marketingstrategien, fehlerhaften Analysen und letztendlich zu finanziellen Verlusten führen. Die kontinuierliche Pflege und Aktualisierung des Datenbestands ist daher kein Luxus, sondern eine Notwendigkeit.

Die Integration von Daten aus verschiedenen Quellen stellt Unternehmen vor die Herausforderung, eine kohärente, einheitliche Datenbasis zu schaffen. Die Harmonisierung der Da-

1. Einführung in die Präparation von Personen-Suchfeldern

tenformate und -strukturen ist ein wesentlicher Schritt, um Silos aufzubrechen und die Zusammenarbeit sowie den Informationsfluss innerhalb des Unternehmens zu verbessern.

Das Ziel ist klar: Die Schaffung einer hochwertigen, zuverlässigen Datenbasis, die als Grundlage für geschäftliche Entscheidungen dient. Dies erfordert nicht nur technische Lösungen, sondern auch ein Umdenken in der Unternehmenskultur: Daten müssen als wertvolles Gut betrachtet werden, dessen Pflege und Entwicklung im Mittelpunkt der Unternehmensstrategie steht.

Um diese Herausforderungen zu meistern und die gesetzten Ziele zu erreichen, setzen Unternehmen auf fortschrittliche Technologien und Methoden der Datenbereinigung, wie etwa die Präparation von Suchfeldern, die Verwendung phonetischer Algorithmen zur Duplikaterkennung und die Implementierung von Datenqualitätsmanagementsystemen. Diese Werkzeuge sind unerlässlich, um die Integrität, Sicherheit und Nutzbarkeit der Daten zu gewährleisten.

Der "Überblick über gängige Herausforderungen und Ziele" verdeutlicht, dass die Datenpflege ein dynamischer, fortlaufender Prozess ist, der Flexibilität, Innovationsbereitschaft und eine klare Strategie erfordert. In diesem Sinne ist die Datenpflege weniger eine Last als vielmehr eine Chance: eine Gelegenheit, die Leistungsfähigkeit der Unternehmen im digitalen Zeitalter grundlegend zu steigern.

2. GRUNDLAGEN DER DATENPRÄPARATION

2.1 Definition und Relevanz von Personen-Suchfeldern

In der digitalen Ära, in der Daten nicht nur eine Ressource, sondern das Rückgrat von Geschäftsentscheidungen, Marketingstrategien und Kundenbeziehungen sind, nehmen Personen-Suchfelder eine zentrale Stellung ein. Diese Suchfelder sind die Navigationssterne in der endlosen Galaxie von Datensätzen, die es ermöglichen, Personen in Datenbanken präzise zu identifizieren und zu lokalisieren. Die Definition und Relevanz dieser Suchfelder sind daher von unschätzbarem Wert für jedes datengetriebene Unternehmen.

Personen-Suchfelder umfassen typischerweise Informationen wie Namen, Adressen, Telefonnummern, E-Mail-Adressen und Geburtsdaten. Sie sind die Schlüsselattribute, die es ermöglichen, individuelle Datensätze in einer Vielzahl von Anwendungen und Kontexten eindeutig zu identifizieren. Die korrekte und effiziente Handhabung dieser Suchfelder ist entscheidend für die Qualität der Datenpflege, die Vermeidung von Dubletten und letztlich für die Zuverlässigkeit der gesamten Datenbank.

Die Relevanz von Personen-Suchfeldern erstreckt sich über diverse Bereiche: Vom Customer Relationship Management (CRM) über gezielte Marketingkampagnen bis hin zur Compliance mit Datenschutzvorschriften. In CRM-Systemen ermöglichen

2. Grundlagen der Datenpräparation

sie eine personalisierte Kundenansprache, indem sie eine 360-Grad-Sicht auf den Kunden liefern. Im Marketing ermöglichen sie die Segmentierung von Zielgruppen und die Durchführung präziser, maßgeschneiderter Kampagnen. Im Hinblick auf den Datenschutz gewährleisten sie, dass personenbezogene Daten korrekt gehandhabt und geschützt werden.

Die Herausforderung liegt in der Komplexität und Dynamik der Daten. Menschen ziehen um, ändern ihre Namen oder Kontaktinformationen, was die Aktualität und Genauigkeit der Datenbanken kontinuierlich bedroht. Hinzu kommt die Vielfalt der Datenquellen und -formate, die eine konsistente Datenpflege erschweren. Die Präparation von Personen-Suchfeldern – die Standardisierung und Bereinigung der Daten – ist daher ein kritischer Schritt, um diese Herausforderungen zu meistern.

Die Investition in die sorgfältige Verwaltung von Personen-Suchfeldern zahlt sich aus. Sie minimiert das Risiko von Fehlern, verbessert die Kundeninteraktion und -zufriedenheit und steigert die Effizienz von Geschäftsprozessen. In einer Zeit, in der der Wettbewerb zunehmend über die Qualität der Daten und die Fähigkeit, diese intelligent zu nutzen, entschieden wird, sind Personen-Suchfelder mehr als nur Datenpunkte; sie sind strategische Vermögenswerte, die gepflegt und geschützt werden müssen.

2.2 Typische Struktur und Inhalte von Personen-Suchfeldern

Die typische Struktur und Inhalte von Personen-Suchfeldern bilden das Fundament für effiziente Datenbankoperationen und Datenanalysen in einer Vielzahl von Anwendungsfällen. Diese Suchfelder sind entscheidend für die Identifikation und das Management von Personen-Datensätzen, von Kundenverwaltungssystemen über Marketing-Datenbanken bis hin zu personalisierten Dienstleistungen und Sicherheitschecks.

Die Kernelemente der Personen-Suchfelder umfassen in der Regel:

1. **Namen:** Das wohl elementarste und zugleich komplexeste Suchfeld, das in Vor- und Nachnamen unterteilt sein kann. Namen können Präfixe (z.B. Titel wie Dr. oder Prof.), Suffixe (z.B. Jr. oder III.), Mittelnamen und Namenszusätze umfassen. Die Vielfalt an Schreibweisen, Kulturen und Konventionen macht die einheitliche Behandlung und Normalisierung dieser Daten zu einer Herausforderung.

2. **Adressen:** Ein weiteres kritisches Suchfeld, das oft in mehrere Unterfelder wie Straßenname, Hausnummer, Postleitzahl, Stadt, Bundesland und Land unterteilt ist. Adressen sind für geografische Analysen, Direktmarketing und die Verifizierung von Identitäten unerlässlich. Die Standardisierung von Adressformaten und die Bereinigung von Inkonsistenzen sind wesentliche Schritte, um

die Nutzbarkeit und Genauigkeit dieser Daten zu gewährleisten.

3. **Telefonnummern:** Diese umfassen Festnetz- und Mobilnummern sowie internationale Vorwahlen. Telefonnummern müssen oft von formatbedingten Zeichen bereinigt und in ein standardisiertes Format gebracht werden, um effektive Kommunikation und Duplikatenerkennung zu ermöglichen.

4. **E-Mail-Adressen:** Eines der wichtigsten Kommunikationsmittel in der digitalen Welt. Die Struktur von E-Mail-Adressen folgt einem universellen Muster, aber die Validierung und Normalisierung sind entscheidend, um ihre Gültigkeit zu gewährleisten und den Missbrauch oder die falsche Zuordnung zu vermeiden.

5. **Geburtsdaten:** Wichtig für Altersverifizierung, Segmentierung und Personalisierung. Geburtsdaten können in verschiedenen Formaten vorliegen und müssen möglicherweise standardisiert werden, um konsistente und vergleichbare Datensätze zu gewährleisten.

Diese Suchfelder bilden die Grundlage für die Identifikation und das Management von Individuen in Datenbanken. Ihre Struktur und Inhalte erfordern sorgfältige Planung und Management, um die Integrität, Sicherheit und Effizienz der Daten zu gewährleisten. Strategien zur Datenbereinigung, -normalisierung und -validierung spielen eine zentrale Rolle in diesem Prozess, ebenso wie die Berücksichtigung von Datenschutz und Datensicherheit. Die effektive Verwaltung von Personen-Suchfeldern ermöglicht es Organisationen, ihre Datenbestände voll auszuschöpfen, personalisierte Dienste anzubieten und fundierte Entscheidungen zu treffen.

2.3 Allgemeine Prinzipien der Datenbereinigung

Die allgemeinen Prinzipien der Datenbereinigung sind von entscheidender Bedeutung, um die Qualität, Zuverlässigkeit und Nutzbarkeit von Datenbeständen in jeder Organisation zu gewährleisten. Diese Prinzipien dienen als Leitfaden für die effektive Identifizierung und Korrektur von Unstimmigkeiten, die die Datenintegrität beeinträchtigen können. Hierbei geht es nicht nur um die reine "Säuberung" von Daten, sondern um die Schaffung eines stabilen und zuverlässigen Fundaments für datengestützte Entscheidungen.

1. **Konsistenz:** Einer der Kernaspekte der Datenbereinigung ist die Sicherstellung von Konsistenz über verschiedene Datensätze und Datenquellen hinweg. Dies bedeutet, dass gleiche Daten in identischer Weise dargestellt werden sollten, unabhängig davon, wo oder wie sie erfasst wurden. Konsistenz ist besonders wichtig bei Personenbezogenen Daten, wie Namen und Adressen, um Duplikate und Fehlzuordnungen zu vermeiden.

2. **Genauigkeit:** Daten müssen nicht nur konsistent, sondern auch genau sein. Fehlerhafte Daten, seien es Tippfehler, veraltete Informationen oder falsche Zuordnungen, müssen identifiziert und korrigiert werden. Die Genauigkeit der Daten ist entscheidend für die Glaubwürdigkeit von Analysen und Berichten.

3. **Vollständigkeit:** Unvollständige Datensätze können zu Fehlinterpretationen und ungenauen Analysen führen. Die Datenbereinigung umfasst daher auch das Auffüllen fehlender Informationen, um die Vollständigkeit der Daten zu gewährleisten. Dies kann die Ergänzung fehlender Adressbestandteile oder die Korrektur unvollständiger Kontaktinformationen umfassen.

4. **Aktualität:** Daten veralten schnell, besonders in dynamischen Umfeldern. Ein wesentlicher Aspekt der Datenbereinigung ist daher die Aktualisierung veralteter Informationen, um sicherzustellen, dass Entscheidungen auf der Grundlage der neuesten verfügbaren Daten getroffen werden.

5. **Einheitlichkeit:** Die Standardisierung von Datenformaten und -werten ist ein weiterer wichtiger Grundsatz. Dies betrifft beispielsweise die Formatierung von Datums- und Zeitangaben, Telefonnummern und Adressen. Einheitliche Datenformate erleichtern die Analyse, den Vergleich und die Integration von Daten aus verschiedenen Quellen.

6. **Deduplizierung:** Die Identifizierung und Zusammenführung von doppelten Datensätzen ist ein zentraler Schritt in der Datenbereinigung. Dies verhindert Redundanzen und gewährleistet, dass jeder Datensatz einzigartig und repräsentativ ist.

7. **Datenschutz:** Bei der Datenbereinigung müssen Datenschutzvorschriften und -praktiken berücksichtigt werden. Personenbezogene Daten müssen geschützt und

2.3 Allgemeine Prinzipien der Datenbereinigung

sensibel behandelt werden, und jede Art von Datenbereinigung sollte im Einklang mit lokalen und internationalen Datenschutzgesetzen stehen.

Die Anwendung dieser allgemeinen Prinzipien der Datenbereinigung ermöglicht es Organisationen, ihre Daten effektiv zu verwalten und zu nutzen. Durch die Gewährleistung von Konsistenz, Genauigkeit, Vollständigkeit, Aktualität, Einheitlichkeit und Deduplizierung, unter strikter Beachtung des Datenschutzes, können Unternehmen die Integrität ihrer Datenbestände sichern und die Grundlage für fundierte Entscheidungen schaffen.

3. SPEZIFISCHE METHODEN ZUR PRÄPARATION VON PERSONEN-SUCHFELDERN

3.1 Namensfelder

3.1.1 Normalisierung von Vor- und Nachnamen (z.B. Entfernung von Titeln und Suffixen)

Die Normalisierung von Vor- und Nachnamen ist ein entscheidender Prozess in der Datenbereinigung und -verwaltung, der darauf abzielt, die Konsistenz und Vergleichbarkeit von personenbezogenen Daten zu verbessern. Dieser Vorgang beinhaltet typischerweise die Standardisierung der Formate, die Entfernung von Titeln und Suffixen sowie die Anpassung an kulturelle Namenskonventionen. Ziel ist es, die Eindeutigkeit jedes Datensatzes zu gewährleisten und die Effizienz von Such- und Abgleichoperationen zu steigern.

Entfernung von Titeln und Suffixen: Titel (wie Dr., Prof., etc.) und Suffixe (wie Jr., III., etc.) können bei der Identifizierung von Individuen in einer Datenbank zu Verwirrungen führen. Ihre Entfernung trägt zur Vereinheitlichung der Datensätze bei und reduziert die Wahrscheinlichkeit von Fehlzuordnungen. Beispielsweise werden "Dr. Alexander Schmidt" und "Alexander Schmidt" nach der Entfernung des Titels als potenziell identische Personen erkannt, wodurch die Qualität des Datenbestands verbessert wird.

3.1 NAMENSFELDER

Standardisierung der Schreibweise: Die Normalisierung schließt auch die Standardisierung der Schreibweise von Namen ein. Dies beinhaltet die Korrektur von Tippfehlern, die Vereinheitlichung der Schreibweise (z.B. die Verwendung von 'ß' statt 'ss' im Deutschen) und die Anpassung an eine einheitliche Groß- und Kleinschreibung. Solche Anpassungen erleichtern den Abgleich von Datensätzen und verbessern die Datenqualität erheblich.

Anpassung an kulturelle Namenskonventionen: In einem globalisierten Datenkontext ist die Berücksichtigung kultureller Namenskonventionen von großer Bedeutung. Die Normalisierung muss flexible Regeln für die Handhabung von Namen aus verschiedenen Kulturen beinhalten, um eine korrekte Zuordnung und Identifikation zu ermöglichen. Dies kann die Umstellung von Namen (Vorname-Nachname vs. Nachname-Vorname in asiatischen Kulturen) oder die Behandlung von mehrteiligen Namen umfassen.

Vereinheitlichung der Datenformate: Neben der Bearbeitung von Namen selbst umfasst die Normalisierung auch die Vereinheitlichung der Datenformate, in denen Namen gespeichert werden. Dies erleichtert die Automatisierung von Verarbeitungsprozessen und die Integration von Daten aus verschiedenen Quellen.

Vorteile der Normalisierung: Durch die konsequente Anwendung dieser Normalisierungsprinzipien können Unternehmen nicht nur die Effizienz ihrer Datenverarbeitungsprozesse steigern, sondern auch die Genauigkeit ihrer Analysen verbessern. Saubere, normalisierte Datensätze sind eine Voraussetzung für effektives Datenmanagement und die Grundlage für verlässliche Entscheidungsfindung und Kundeninteraktion.

3. Spezifische Methoden zur Präparation von Personen-Suchfeldern

Zusammengefasst ist die Normalisierung von Vor- und Nachnamen ein kritischer Schritt in der Datenpflege, der direkt zur Steigerung der Datenintegrität und -nutzbarkeit beiträgt. Die Entfernung von Titeln und Suffixen, die Standardisierung der Schreibweise und die Anpassung an kulturelle Konventionen sind essenzielle Maßnahmen, um die Herausforderungen des modernen Datenmanagements zu bewältigen.

3.1.2 Umgang mit internationalen Namenskonventionen

Der Umgang mit internationalen Namenskonventionen stellt eine der herausforderndsten Aufgaben in der Datenbereinigung und -normalisierung dar. In einer global vernetzten Welt stammen die Daten oft aus unterschiedlichsten Kulturkreisen, was eine Vielfalt an Namensformaten und -strukturen mit sich bringt. Jede Kultur hat ihre eigenen Traditionen und Regeln für die Bildung von Namen, die berücksichtigt werden müssen, um eine korrekte und respektvolle Datenverarbeitung zu gewährleisten.

Internationale Namenskonventionen zu verstehen und korrekt zu handhaben, ist entscheidend für:

1. **Die Genauigkeit der Daten**: Die korrekte Identifizierung und Ansprache von Personen setzt voraus, dass ihre Namen gemäß den kulturellen Normen korrekt erfasst und wiedergegeben werden. Dies schließt die richtige Reihenfolge von Vor- und Nachnamen ein, die von Kultur zu Kultur variieren kann, wie beispielsweise in vielen ostasiatischen Ländern, wo der Familienname vor dem Vornamen steht.

3.1 Namensfelder

2. **Die Effizienz der Datenabgleichung**: Für Unternehmen, die mit einem internationalen Kundenstamm arbeiten, ist die Fähigkeit, Daten über kulturelle Grenzen hinweg abzugleichen, unerlässlich. Dies erfordert Algorithmen und Verfahren, die flexibel genug sind, um mit den unterschiedlichen Namenskonventionen umzugehen und Duplikate oder ähnliche Einträge zuverlässig zu identifizieren.

3. **Die Einhaltung von Datenschutzbestimmungen**: Der respektvolle Umgang mit Namen ist auch eine Frage des Datenschutzes und der persönlichen Identität. Falsch gehandhabte Namen können nicht nur zu Unannehmlichkeiten führen, sondern auch rechtliche Folgen nach sich ziehen, insbesondere in Regionen mit strengen Datenschutzgesetzen.

Um diesen Herausforderungen zu begegnen, setzen Unternehmen auf eine Reihe von Strategien:

- **Forschung und Schulung**: Ein tiefes Verständnis der verschiedenen Namenskonventionen ist unerlässlich. Dies kann durch Schulungen, die Einbeziehung von Kulturexperten und die fortlaufende Forschung erreicht werden.

- **Anpassungsfähige Datenbankstrukturen**: Datenbanken sollten flexibel genug gestaltet sein, um verschiedene Namensformate aufnehmen zu können, einschließlich mehrteiliger Namen, mehrerer Vornamen und der Unterscheidung zwischen Gebrauchsnamen und offiziellen Namen.

- **Erweiterte Algorithmen zur Datenabgleichung**: Moderne Algorithmen und KI-gestützte Technologien können dabei helfen, die Komplexität internationaler Namen zu navigieren. Sie können Muster erkennen, phonetische Ähnlichkeiten berücksichtigen und kulturelle Besonderheiten in ihre Abgleichprozesse einbeziehen.

- **Kontinuierliche Datenpflege**: Der Umgang mit internationalen Namenskonventionen ist kein einmaliger Vorgang, sondern erfordert kontinuierliche Überwachung und Anpassung. Dies schließt regelmäßige Überprüfungen der Datenqualität und Updates der Verarbeitungsregeln ein.

Der sensible Umgang mit internationalen Namenskonventionen spiegelt nicht nur die Achtung vor kultureller Vielfalt wider, sondern ist auch ein entscheidender Faktor für die Datenintegrität und die Effizienz von Geschäftsprozessen. Er ermöglicht es Unternehmen, ihr globales Engagement zu stärken, Vertrauen aufzubauen und letztendlich erfolgreich in einem internationalen Umfeld zu agieren.

3.1.3 Behandlung von Sonderzeichen und Diakritika

Die Behandlung von Sonderzeichen und Diakritika ist ein wesentlicher Aspekt der Datenbereinigung und -normalisierung, der die Qualität und Nutzbarkeit von Datensätzen erheblich beeinflusst. Sonderzeichen und diakritische Zeichen – wie Akzente, Tilde, Umlaute und Cedillen – spielen in vielen Sprachen eine entscheidende Rolle und können die Bedeutung von Wörtern verändern. Ihre korrekte Handhabung ist somit entscheidend

3.1 NAMENSFELDER

für die Vermeidung von Missverständnissen und die Gewährleistung der Integrität von personenbezogenen Daten.

Herausforderungen: Die größte Herausforderung bei der Behandlung von Sonderzeichen und Diakritika liegt in ihrer Vielfalt sowie in der Notwendigkeit, sie in unterschiedlichen technologischen Umgebungen konsistent zu verarbeiten. Verschiedene Datenbanksysteme, Programmiersprachen und Dateiformate können in ihrer Fähigkeit, diese Zeichen korrekt zu speichern und wiederzugeben, variieren. Darüber hinaus kann die inkonsistente Eingabe von Daten durch Nutzer – beispielsweise die Nutzung von Umlauten (ä, ö, ü) versus deren Auflösung (ae, oe, ue) – zu Inkonsistenzen in den Datensätzen führen.

Strategien zur Behandlung:

1. **Normalisierung**: Ein zentraler Schritt ist die Normalisierung von Sonderzeichen und Diakritika. Dies kann das Ersetzen von Sonderzeichen durch standardisierte Äquivalente (z.B. "é" zu "e") oder die Entfernung von Diakritika umfassen, um eine einheitliche Datenbasis zu schaffen.

2. **Unicode-Nutzung**: Die Verwendung des Unicode-Standards ermöglicht eine konsistente Darstellung von Sonderzeichen und Diakritika über verschiedene Systeme und Plattformen hinweg. Unicode bietet eine umfassende Codierung für Schriftzeichen aus nahezu allen bekannten Schriftsystemen und gewährleistet so ihre korrekte Wiedergabe und Verarbeitung.

3. **Anwenderschulung und Richtlinien**: Die Schulung von Mitarbeitern und die Etablierung klarer Richtlinien für

3. Spezifische Methoden zur Präparation von Personen-Suchfeldern

die Dateneingabe können helfen, Inkonsistenzen bei der Erfassung von Sonderzeichen und Diakritika zu minimieren. Dies umfasst auch die Sensibilisierung für die Bedeutung dieser Zeichen in verschiedenen Sprachen.

4. **Automatisierte Datenbereinigungswerkzeuge:** Der Einsatz spezialisierter Softwarelösungen, die in der Lage sind, Sonderzeichen und Diakritika zu erkennen und entsprechend den festgelegten Regeln zu behandeln, unterstützt eine effiziente und konsistente Datenbereinigung.

5. **Validierung und Korrektur:** Regelmäßige Überprüfungen der Daten auf Vorhandensein und korrekte Nutzung von Sonderzeichen sowie gegebenenfalls deren Korrektur sind unerlässlich, um die Datenqualität langfristig zu sichern.

Die sorgfältige Behandlung von Sonderzeichen und Diakritika reflektiert nicht nur den Respekt vor der linguistischen Vielfalt, sondern ist auch ein kritischer Faktor für die Zuverlässigkeit und Genauigkeit von Datenverarbeitungsprozessen. Durch die Implementierung dieser Strategien können Organisationen sicherstellen, dass ihre Datenbestände die Realität präzise abbilden und effektiv für die Kommunikation und Analyse genutzt werden können.

3.2 Adressfelder

3.2.1 Standardisierung von Adressformaten

Die Standardisierung von Adressformaten ist eine grundlegende Komponente im Prozess der Datenbereinigung und -verwaltung, die darauf abzielt, die Konsistenz und Genauigkeit geografischer Informationen in Datenbanken zu gewährleisten. In einer global vernetzten Welt, in der Unternehmen und Dienstleister auf präzise und zuverlässige Adressdaten angewiesen sind, um Kunden zu erreichen, Lieferungen zu koordinieren und Marktanalysen durchzuführen, ist die Homogenisierung von Adressformaten von unschätzbarem Wert.

Herausforderungen: Die Vielfalt der Adressformate weltweit stellt eine bedeutende Herausforderung dar. Unterschiedliche Länder und Regionen folgen verschiedenen Konventionen hinsichtlich der Reihenfolge von Adressbestandteilen, der Benennung (z.B. Straße vs. Weg vs. Avenue) und der Formatierung (z.B. Postleitzahlenformate). Diese Heterogenität kann zu Verwirrung führen, die Effizienz von Datenabgleichungsprozessen mindern und die Zuverlässigkeit von Liefer- und Kommunikationsdiensten beeinträchtigen.

Strategien zur Standardisierung:

1. **Einführung internationaler Standards**: Die Anwendung international anerkannter Standards, wie sie beispielsweise von der Universal Postal Union (UPU) vorgeschlagen werden, kann eine Basis für die Standardisierung von Adressformaten bieten. Diese Standards definieren

3. Spezifische Methoden zur Präparation von Personen-Suchfeldern

einheitliche Strukturen und Empfehlungen für die Adressierung, die weltweit Anwendung finden können.

2. **Verwendung von Adressvalidierungsdiensten**: Technologische Lösungen, wie Adressvalidierungsdienste, können dabei helfen, Adressen automatisch zu überprüfen, zu korrigieren und zu standardisieren. Diese Dienste nutzen umfangreiche Datenbanken und Algorithmen, um die Genauigkeit von Adressdaten zu gewährleisten und sie an ein einheitliches Format anzupassen.

3. **Entwicklung interner Richtlinien**: Für Organisationen ist es sinnvoll, interne Richtlinien für die Erfassung und Verarbeitung von Adressdaten zu entwickeln. Diese Richtlinien können spezifische Anforderungen an die Struktur und das Format von Adressen stellen und sicherstellen, dass alle Mitarbeitenden konsistente Methoden anwenden.

4. **Schulung und Bewusstseinsbildung**: Die Schulung von Mitarbeitenden in Bezug auf die Bedeutung und die Methoden der Adressstandardisierung ist entscheidend, um die Einhaltung von Standards und Richtlinien zu fördern. Ein Bewusstsein für die Auswirkungen von Adressfehlern kann die Qualität der Datenerfassung verbessern.

5. **Kontinuierliche Datenpflege**: Die Standardisierung von Adressformaten ist kein einmaliger Vorgang, sondern erfordert kontinuierliche Überprüfung und Anpassung. Die Pflege und Aktualisierung von Adressdatenbanken ist entscheidend, um mit Änderungen in Adresskonven-

3.2 Adressfelder

tionen und geografischen Bezeichnungen Schritt zu halten.

Durch die Standardisierung von Adressformaten können Organisationen die Effizienz ihrer operativen Prozesse steigern, die Qualität der Kundenkommunikation verbessern und die Zuverlässigkeit von Lieferketten sicherstellen. Dieser Prozess unterstützt nicht nur die interne Datenverwaltung, sondern trägt auch zu einer besseren globalen Vernetzung und Zusammenarbeit bei.

3.2.2 Bereinigung und Konsolidierung von Adresszusätzen

Die Bereinigung und Konsolidierung von Adresszusätzen ist ein entscheidender Schritt in der Datenqualitätsmanagement-Strategie jeder Organisation, die mit umfangreichen Kunden- oder Nutzerdatenbanken arbeitet. Adresszusätze – wie Wohnungsnummern, Abteilungsbezeichnungen, Postfächer und zusätzliche Lieferhinweise – sind essenzielle Informationen, die die Präzision und Effektivität der Kommunikation und Logistikprozesse beeinflussen. Ihre korrekte Verwaltung verbessert nicht nur die Zustellbarkeit, sondern auch die Kundenzufriedenheit und operationale Effizienz.

Herausforderungen bei der Verwaltung von Adresszusätzen:

- Inkonsistenzen und Mehrdeutigkeiten: Adresszusätze können auf vielfältige Weise eingegeben werden, was

3. Spezifische Methoden zur Präparation von Personen-Suchfeldern

zu Verwirrung und Fehlern bei der Datenverarbeitung führen kann.

- Redundanz und Duplikate: Ähnliche oder identische Zusätze können in unterschiedlichen Formaten eingegeben werden, was zu unnötigen Redundanzen in den Datenbeständen führt.
- Aktualität: Adresszusätze können sich ändern, und veraltete Informationen können die Zustellbarkeit beeinträchtigen.

Strategien zur Bereinigung und Konsolidierung:

1. Standardisierung der Eingabeformate: Die Einführung von Standardformaten für die Eingabe von Adresszusätzen kann helfen, Inkonsistenzen zu reduzieren. Dies kann durch die Implementierung von Eingabeformularen mit vordefinierten Feldern und Formatvorgaben erreicht werden.

2. Automatisierte Validierung und Korrektur: Der Einsatz von Softwarelösungen, die Adressdaten automatisch überprüfen und korrigieren, ermöglicht die Identifizierung und Bereinigung von Fehlern in Adresszusätzen. Diese Systeme können auch dabei helfen, veraltete oder inkorrekte Informationen zu erkennen und zu aktualisieren.

3. Deduplizierung: Spezialisierte Algorithmen können eingesetzt werden, um doppelte oder sehr ähnliche Adresszusätze innerhalb einer Datenbank zu identifizieren und zu konsolidieren. Dies verbessert die Übersichtlichkeit und Nutzbarkeit der Daten.

3.2 ADRESSFELDER

4. Datenanreicherung: Die Anreicherung von Adressdaten mit Informationen aus externen Quellen kann dazu beitragen, die Vollständigkeit und Genauigkeit von Adresszusätzen zu verbessern. Dies kann beispielsweise die Überprüfung und Ergänzung von Postleitzahlen oder die Korrektur von Straßennamen umfassen.
5. Regelmäßige Überprüfung und Aktualisierung: Die kontinuierliche Überwachung und regelmäßige Überprüfung von Adresszusätzen ist entscheidend, um deren Aktualität und Genauigkeit zu gewährleisten. Dies kann manuell oder durch regelmäßige Datenbereinigungsprozesse erfolgen.

Die effektive Bereinigung und Konsolidierung von Adresszusätzen trägt wesentlich zur Verbesserung der Datenqualität bei. Sie ermöglicht präzisere Zielgruppenansprachen, optimiert die logistischen Abläufe und fördert letztlich eine positive Kundenwahrnehmung durch zuverlässige Kommunikations- und Lieferprozesse. Indem Organisationen diese Best Practices implementieren, können sie sicherstellen, dass ihre Adressdaten ein zuverlässiges Fundament für geschäftliche Entscheidungen und Operationen bilden.

3.2.3 Umgang mit abweichenden Schreibweisen von Ortsnamen

Der Umgang mit abweichenden Schreibweisen von Ortsnamen ist eine wesentliche Komponente in der Datenbereinigung und -normalisierung, die eine besondere Herausforderung für globale Datenbestände darstellt. Unterschiedliche Sprachen,

3. Spezifische Methoden zur Präparation von Personen-Suchfeldern

Dialekte und historische Veränderungen können zu einer Vielzahl von Schreibweisen für denselben Ort führen. Diese Variabilität kann die Datenintegrität beeinträchtigen, zu Verwirrung führen und die Effizienz von Datenabgleichungen, Analysen und Lieferprozessen mindern.

Herausforderungen:

- Lokale vs. internationale Schreibweisen: Viele Orte haben eine lokale Schreibweise und eine oder mehrere internationale Adaptionen. Beispielsweise kann München als Munich, Mailand als Milano und Warschau als Warsaw bekannt sein.
- Historische Namen: Ortsnamen können sich über die Zeit ändern, was historische Datensätze betrifft.
- Orthografische Varianten: Selbst innerhalb einer Sprache können Schreibweisen variieren, z.B. durch Rechtschreibreformen oder dialektale Unterschiede.

Strategien für den Umgang mit abweichenden Schreibweisen:

1. Standardisierung der Namensgebung: Die Festlegung einer bevorzugten Schreibweise für jeden Ort und die konsequente Anwendung dieser Standardisierung über alle Datensätze hinweg ist ein grundlegender Schritt zur Lösung des Problems abweichender Schreibweisen. Dies kann die lokale Schreibweise, die internationale Schreibweise oder eine Kombination beider sein, je nach Anwendungsfall.

3.2 Adressfelder

2. Einsatz von Synonymlisten und Thesauri: Die Erstellung und Pflege von Listen, die verschiedene Schreibweisen eines Ortsnamens als äquivalent behandeln, ermöglicht es, die Vielfalt der Schreibweisen bei der Datenverarbeitung zu berücksichtigen. Moderne Datenbanksysteme und Suchalgorithmen können diese Listen nutzen, um effektivere Such- und Abgleichprozesse zu ermöglichen.

3. Geocoding und Mapping-Dienste: Technologien, die geografische Koordinaten zu Ortsnamen zuordnen, können helfen, die Ambiguität abweichender Schreibweisen zu überwinden. Durch die Zuordnung eines eindeutigen geografischen Identifikators zu einem Datensatz, unabhängig von der Schreibweise des Ortsnamens, wird eine präzise Lokalisierung und Analyse ermöglicht.

4. Automatisierte Korrektur und Validierung: Softwarelösungen, die künstliche Intelligenz und maschinelles Lernen nutzen, können abweichende Schreibweisen erkennen und automatisch die standardisierte Form vorschlagen oder anwenden. Diese Werkzeuge können kontinuierlich verbessert werden, um mit der Entwicklung der Sprache und der Veränderung von Ortsnamen Schritt zu halten.

5. Benutzerbildung und Richtlinien: Die Schulung von Mitarbeitern und Nutzern, die mit der Dateneingabe betraut sind, über die Bedeutung konsistenter Schreibweisen und die Bereitstellung klarer Richtlinien können dazu beitragen, Inkonsistenzen von vornherein zu minimieren.

3. Spezifische Methoden zur Präparation von Personen-Suchfeldern

Die effektive Handhabung abweichender Schreibweisen von Ortsnamen erfordert einen mehrschichtigen Ansatz, der Technologie, Standardisierung und menschliches Bewusstsein kombiniert. Durch die Implementierung dieser Strategien können Organisationen die Qualität ihrer Daten verbessern, die Effizienz ihrer Prozesse steigern und letztlich zuverlässigere Ergebnisse in ihren Geschäftsanwendungen erzielen.

3.3 Kontaktdaten

3.3.1 Einheitliche Formate für Telefonnummern

Die Implementierung einheitlicher Formate für Telefonnummern ist eine kritische Komponente im Rahmen der Datenbereinigung und -verwaltung, die darauf abzielt, die Konsistenz und Nutzbarkeit von Kontaktdaten zu optimieren. Telefonnummern sind ein wesentliches Element in der Kommunikation zwischen Unternehmen und Kunden sowie innerhalb von Organisationen. Ihre einheitliche Formatierung ist entscheidend für die Effizienz von Kommunikationsprozessen, die Genauigkeit von Datenanalysen und die Wirksamkeit von Marketingstrategien.

Herausforderungen:

- Internationale Diversität: Angesichts der Vielzahl internationaler Telefonnummernformate stellt die Standardisierung eine besondere Herausforderung dar. Unterschiede in der Ländervorwahl, der Anzahl der Ziffern und der Strukturierung (z.B. Trennzeichen) müssen berücksichtigt werden.

3.3 Kontaktdaten

- Variabilität in der Dateneingabe: Die Art und Weise, wie Nutzer Telefonnummern eingeben – mit oder ohne Ländervorwahl, mit unterschiedlichen Trennzeichen oder als durchgehende Zahlenfolge – führt zu Inkonsistenzen in den Datensätzen.

- Technologische Kompatibilität: Die einheitliche Formatierung muss sowohl mit bestehenden Telekommunikationssystemen als auch mit Softwareanwendungen kompatibel sein, die Telefonnummern verarbeiten.

Strategien zur Implementierung einheitlicher Telefonnummernformate:

1. Definition eines Standardformats: Ein wesentlicher Schritt ist die Festlegung eines standardisierten Formats für Telefonnummern, das internationale Standards berücksichtigt. Dies kann die Verwendung von E.164, einem internationalen Nummerierungsplan, einschließen, der eine einheitliche Darstellung von Telefonnummern gewährleistet.

2. Automatisierte Datenbereinigung: Der Einsatz spezialisierter Softwaretools, die Telefonnummern automatisch erkennen, validieren und in das definierte Standardformat konvertieren, ist entscheidend für die Skalierbarkeit des Prozesses. Diese Tools können auch dazu beitragen, Trennzeichen zu standardisieren und die Ländervorwahl korrekt zu integrieren.

3. Datenvalidierung bei der Eingabe: Die Implementierung von Validierungsmechanismen in Eingabeformularen, die Nutzer dazu anhalten, Telefonnummern gemäß dem

festgelegten Format einzugeben, kann die Konsistenz von neu erfassten Daten verbessern.

4. Schulung und Richtlinien: Die Aufklärung der Mitarbeiter über die Bedeutung und die Vorteile eines einheitlichen Telefonnummernformats sowie die Bereitstellung klarer Richtlinien für die Datenerfassung und -bearbeitung sind wesentliche Komponenten für den langfristigen Erfolg.
5. Kontinuierliche Überprüfung und Anpassung: Die regelmäßige Überprüfung der Daten auf Einhaltung des Standardformats und die Anpassung bei Bedarf sind notwendig, um die Datenqualität dauerhaft zu sichern. Dies umfasst auch die Anpassung an Veränderungen in internationalen Nummerierungssystemen.

Durch die Einführung einheitlicher Formate für Telefonnummern können Organisationen die Effizienz ihrer Kommunikationsprozesse steigern, die Genauigkeit ihrer Kundeninformationen verbessern und letztlich die Zufriedenheit und das Engagement ihrer Kunden erhöhen. Ein konsistenter Ansatz in der Handhabung von Telefonnummern ist somit ein unverzichtbarer Bestandteil einer umfassenden Datenmanagementstrategie.

3.3.2 Normalisierung von E-Mail-Adressen

Die Normalisierung von E-Mail-Adressen spielt eine zentrale Rolle in der Datenqualitätsstrategie von Organisationen, die darauf abzielt, die Integrität und Konsistenz von Kontaktinformationen in Datenbanken zu gewährleisten. Angesichts der Tat-

3.3 Kontaktdaten

sache, dass E-Mail-Adressen eine der primären Kommunikationsmethoden zwischen Unternehmen und ihren Kunden darstellen, ist die einheitliche und korrekte Erfassung dieser Daten entscheidend für den Erfolg von Marketingkampagnen, die Kundenkommunikation und letztlich für die Aufrechterhaltung positiver Kundenbeziehungen.

Herausforderungen:

- Variabilität in der Schreibweise: Nutzer können E-Mail-Adressen in unterschiedlichen Formaten eingeben, was zu Inkonsistenzen führt. Beispielsweise kann die Verwendung von Groß- und Kleinschreibung variieren, obwohl E-Mail-Systeme in der Regel case-insensitive sind.

- Präsenz von Aliasen und Weiterleitungen: Ein und dieselbe E-Mail-Inbox kann über mehrere Aliase verfügen, was ohne eine gründliche Normalisierung zu doppelten Datensätzen führen kann.

- Typografische Fehler: Tippfehler in E-Mail-Adressen sind häufig und können die Zustellbarkeit von Kommunikation beeinträchtigen.

Strategien zur Normalisierung von E-Mail-Adressen:

1. Standardisierung der Schreibweise: Ein erster Schritt zur Normalisierung ist die Umwandlung aller E-Mail-Adressen in ein einheitliches Format, typischerweise in Kleinbuchstaben. Dies trägt dazu bei, Variationen in der Schreibweise zu eliminieren und die Konsistenz der Daten zu verbessern.

3. Spezifische Methoden zur Präparation von Personen-Suchfeldern

2. Validierung der E-Mail-Struktur: Die Überprüfung der Struktur von E-Mail-Adressen gemäß den standardisierten Konventionen (z.B. Vorhandensein eines "@"-Zeichens, einer gültigen Domain) hilft, typografische Fehler und ungültige Eingaben zu identifizieren und zu korrigieren.

3. Entfernung oder Verwaltung von Aliasen und Weiterleitungen: Die Identifizierung und Konsolidierung von E-Mail-Aliasen kann die Redundanz in den Daten verringern. Dies kann durch Abgleichprozesse unterstützt werden, die auf spezifischen Regeln oder Heuristiken basieren.

4. Bereinigung und Entfernung ungültiger Adressen: Regelmäßige Überprüfungen der Zustellbarkeit von E-Mails können dabei helfen, ungültige oder nicht mehr existierende E-Mail-Adressen zu identifizieren und aus den Datenbeständen zu entfernen.

5. Automatisierte Korrekturwerkzeuge: Der Einsatz spezialisierter Softwarelösungen, die E-Mail-Adressen automatisch normalisieren und validieren, kann den Prozess skalieren und effizienter gestalten.

6. Kontinuierliche Pflege: Die fortlaufende Überwachung und Aktualisierung von E-Mail-Adressdaten ist entscheidend, um deren Genauigkeit und Relevanz zu gewährleisten. Dies umfasst auch die Anpassung an Änderungen in den E-Mail-Adressstandards.

Durch die Normalisierung von E-Mail-Adressen können Organisationen die Genauigkeit ihrer Kommunikationskanäle sicherstellen, die Wirksamkeit ihrer Marketingbemühungen erhöhen und eine solide Grundlage für die Datenanalyse schaffen. Diese Praxis ist ein unverzichtbarer Bestandteil eines umfassenden Datenmanagements, das darauf abzielt, die Qualität und Zuverlässigkeit von Kundenkontaktdaten zu maximieren.

3.4 Geburtsdaten

3.4.1 Standardformate und deren Einfluss auf die Eindeutigkeit

Die Standardisierung von Geburtsdaten und deren Einfluss auf die Eindeutigkeit von Datensätzen ist ein kritischer Aspekt in der Datenverwaltung und -analyse. Geburtsdaten sind essentielle Informationen für eine Vielzahl von Anwendungen, von der Kundenverwaltung über die Personalisierung von Angeboten bis hin zur Erfüllung rechtlicher Anforderungen. Ein einheitliches Format für Geburtsdaten zu etablieren, ist daher von entscheidender Bedeutung, um Klarheit, Effizienz und Präzision in der Datenverarbeitung zu gewährleisten.

Herausforderungen:

- Formatvielfalt: Weltweit existieren unterschiedliche Konventionen zur Darstellung von Datumsangaben (z.B. DD.MM.YYYY, MM/DD/YYYY, YYYY-MM-DD), was zu Inkonsistenzen und Verwirrung führen kann.

- Fehleranfälligkeit: Unterschiedliche Formate erhöhen das Risiko von Fehlinterpretationen und Eingabefehlern, besonders bei der manuellen Dateneingabe oder der Datenmigration aus verschiedenen Quellen.

3. Spezifische Methoden zur Präparation von Personen-Suchfeldern

- Auswirkungen auf die Datenanalyse: Inkonsistente Datumsformate können die Datenanalyse erschweren, insbesondere wenn es um die Segmentierung von Nutzergruppen nach Alter oder die Durchführung zeitbezogener Analysen geht.

Strategien zur Standardisierung von Geburtsdaten:

1. Festlegung eines einheitlichen Formats: Die Wahl eines Standardformats für Geburtsdaten (vorzugsweise ISO 8601: YYYY-MM-DD) trägt zur globalen Konsistenz bei und minimiert das Risiko von Missverständnissen. Dieses Format ist international anerkannt und ermöglicht eine klare Unterscheidung der Datumsbestandteile.

2. Automatisierte Validierung und Konvertierung: Der Einsatz von Software, die Geburtsdaten automatisch erkennt, validiert und in das festgelegte Standardformat konvertiert, kann die Datenqualität signifikant verbessern. Dies umfasst auch die Überprüfung der Plausibilität von Datumsangaben.

3. Schulung und Bewusstseinsbildung: Die Aufklärung von Mitarbeitenden und Kunden über das gewählte Standardformat und die Bedeutung konsistenter Dateneingaben ist entscheidend, um die Qualität der erfassten Daten von vornherein zu sichern.

4. Implementierung von Eingabehilfen: In digitalen Formularen sollten Eingabehilfen und Kalender-Widgets verwendet werden, die Nutzer bei der Auswahl und Eingabe von Geburtsdaten im korrekten Format unterstützen.

3.4 Geburtsdaten

5. Regelmäßige Datenbereinigung: Die kontinuierliche Überprüfung und Bereinigung von Datensätzen, um falsch formatierte oder unplausible Geburtsdaten zu identifizieren und zu korrigieren, ist eine wichtige Maßnahme zur Aufrechterhaltung der Datenqualität.

Einfluss auf die Eindeutigkeit: Die Standardisierung von Geburtsdaten hat direkte Auswirkungen auf die Eindeutigkeit von Datensätzen. Ein einheitliches und korrektes Format ermöglicht eine präzisere Identifizierung und Differenzierung von Individuen, was besonders in Datenbanken mit mehreren ähnlichen Namen wichtig ist. Zudem vereinfacht es Altersberechnungen und zeitbezogene Analysen, wodurch datengestützte Entscheidungen auf einer solideren Basis getroffen werden können.

Durch die Implementierung dieser Strategien können Organisationen die Integrität und Nutzbarkeit ihrer Datenbestände erheblich verbessern, was zu effizienteren Geschäftsprozessen, einer gesteigerten Kundenzufriedenheit und einer erhöhten Datenzuverlässigkeit führt.

4. PHONETISCHE ALGORITHMEN ZUR DUBLETTENVERMEIDUNG

4.1 Überblick und Einsatzgebiete phonetischer Algorithmen

Phonetische Algorithmen zur Dublettenvermeidung spielen eine entscheidende Rolle in der modernen Datenverarbeitung und -bereinigung. Diese Algorithmen, die darauf ausgelegt sind, Wörter oder Namen nach ihrem Klangbild zu analysieren und zu kategorisieren, bieten eine innovative Lösung zur Identifizierung und Zusammenführung von Datensätzen, die aufgrund unterschiedlicher Schreibweisen oder Tippfehler als separate Einträge erscheinen könnten. Ihre Anwendung trägt signifikant zur Steigerung der Datenqualität und -integrität bei, indem sie die Erkennung und Eliminierung von Dubletten erleichtert.

Überblick über phonetische Algorithmen: Phonetische Algorithmen transformieren Wörter in eine standardisierte, vereinfachte Darstellung, die ihren Klang widerspiegelt, anstatt sich auf die buchstäbliche Schreibweise zu konzentrieren. Dies ermöglicht es, Ähnlichkeiten zwischen Wörtern zu erkennen, auch wenn diese unterschiedlich geschrieben werden. Zu den bekanntesten phonetischen Algorithmen zählen Soundex, Metaphone und Double Metaphone, jeder mit seinen spezifischen Stärken und Anwendungsbereichen.

4.1 Überblick und Einsatzgebiete phonetischer Algorithmen

- Soundex: Einer der ältesten phonetischen Algorithmen, der Namen auf der Basis ihres klanglichen Erscheinungsbildes in eine alphanumerische Darstellung umwandelt. Soundex ist besonders nützlich für die englische Sprache, hat aber Einschränkungen bei der Differenzierung zwischen bestimmten Konsonantenklanggruppen.

- Metaphone und Double Metaphone: Diese erweiterten Algorithmen bieten eine verfeinerte Kodierung, die eine breitere Palette von Klangvariationen abdeckt und auch auf die Besonderheiten anderer Sprachen als Englisch eingeht. Double Metaphone, die Weiterentwicklung von Metaphone, unterstützt sogar einige Nicht-Englische Phoneme, was seine Einsatzmöglichkeiten international erweitert.

Einsatzgebiete phonetischer Algorithmen:

- **Kunden- und Nutzerdatenbanken:** In der Verwaltung von Kunden- oder Nutzerdatenbanken ermöglichen phonetische Algorithmen die effektive Identifizierung von Dubletten, selbst wenn Nutzernamen oder Adressen in verschiedenen Schreibweisen vorliegen.

- **Genealogische Forschung:** In der Ahnenforschung, wo Namen über Generationen hinweg unterschiedlich geschrieben wurden, helfen phonetische Algorithmen, Verbindungen zwischen Stammbäumen zu finden.

- **Sicherheitsüberprüfungen:** Bei Sicherheits- und Hintergrundüberprüfungen können phonetische Algorithmen dazu beitragen, Personen trotz variierender Schreibweisen ihrer Namen korrekt zu identifizieren.

- **Marketing und CRM:** Für Marketingzwecke und im Customer Relationship Management (CRM) ermöglichen diese Algorithmen eine genauere Zielgruppenansprache durch die Bereinigung von Kundendaten.

Die Implementierung phonetischer Algorithmen erfordert eine sorgfältige Abwägung der jeweiligen Anforderungen und der spezifischen Eigenschaften des Datensatzes. Die Auswahl des passenden Algorithmus und die Anpassung der Parameter sind entscheidend, um optimale Ergebnisse in der Dublettenvermeidung zu erzielen. Durch ihre Fähigkeit, klangbasierte Äquivalenzen zu erkennen, bieten phonetische Algorithmen eine leistungsstarke Ergänzung zu herkömmlichen Methoden der Datenbereinigung und tragen wesentlich zur Verfeinerung von Datenanalyseprozessen bei.

4.2 Anwendungsbeispiele und Effektivität im Kontext von Personen-Suchfeldern

Die Anwendung phonetischer Algorithmen auf Personen-Suchfelder hat sich als äußerst effektiv erwiesen, insbesondere in Szenarien, wo die präzise Identifikation und Zuordnung von Individuen trotz variierender Schreibweisen oder phonetischer Ähnlichkeiten erforderlich ist. Diese Techniken bieten innovative Lösungen für eine Reihe von Herausforderungen in der Datenverwaltung und -analyse. Im Folgenden werden konkrete Anwendungsbeispiele vorgestellt, die die Vielseitigkeit und Effektivität phonetischer Algorithmen im Kontext von Personen-Suchfeldern unterstreichen.

4.2 Anwendungsbeispiele und Effektivität im Kontext von Personen-Suchfeldern

Kundenidentifikation in CRM-Systemen: In Customer Relationship Management (CRM)-Systemen können phonetische Algorithmen eingesetzt werden, um Kundendaten zu bereinigen und zu konsolidieren. Sie ermöglichen die Identifikation von Dubletten, auch wenn Kunden ihre Namen in verschiedenen Varianten angegeben haben (z.B. Kathrin vs. Katharine). Durch die Vereinheitlichung der Kundendatensätze können Unternehmen eine genauere Kundenansicht erhalten und ihre Marketing- sowie Serviceangebote optimieren.

Bereinigung von Wählerlisten: Bei der Verwaltung von Wählerverzeichnissen helfen phonetische Algorithmen, Inkonsistenzen in den Namen der Wähler zu identifizieren und zu korrigieren. Dies ist besonders wichtig, um sicherzustellen, dass jede stimmberechtigte Person korrekt registriert ist und Doppelregistrierungen vermieden werden. Die Effektivität dieser Algorithmen trägt dazu bei, die Integrität des Wahlprozesses zu wahren.

Fraud Detection in Finanztransaktionen: Im Finanzsektor können phonetische Algorithmen zur Betrugserkennung eingesetzt werden, indem sie dabei helfen, Namen in Transaktionsdaten zu überprüfen und abzugleichen. Sie erkennen potenzielle Unstimmigkeiten oder verdächtige Übereinstimmungen zwischen den Namen auf verschiedenen Konten, auch wenn diese leicht abweichend geschrieben werden, und tragen so zur Aufdeckung und Prävention von Betrugsfällen bei.

Genealogische Forschung: In der Ahnenforschung ermöglichen phonetische Algorithmen die Verknüpfung von Datensätzen über verschiedene Generationen und geografische Regionen hinweg, selbst wenn die Schreibweise von Familiennamen

4. Phonetische Algorithmen zur Dublettenvermeidung

im Laufe der Zeit variiert hat. Diese Werkzeuge unterstützen Forscher dabei, familiäre Verbindungen zu entdecken und die Geschichte von Familienlinien nachzuvollziehen.

Effektivität: Die Effektivität phonetischer Algorithmen im Kontext von Personen-Suchfeldern basiert auf ihrer Fähigkeit, die klangliche Ähnlichkeit von Namen zu erfassen und zu nutzen. Dies ermöglicht eine signifikante Reduzierung von Fehlern und Inkonsistenzen in Datensätzen, die durch traditionelle textbasierte Vergleichsmethoden nicht erkannt werden würden. Die Implementierung dieser Techniken führt zu einer deutlichen Verbesserung der Datenqualität, einer effizienteren Datenverarbeitung und einer gesteigerten Zuverlässigkeit von Datenanalysen.

Es ist jedoch wichtig, die Anwendung phonetischer Algorithmen sorgfältig zu planen und zu kalibrieren, um optimale Ergebnisse zu erzielen. Die Auswahl des passenden Algorithmus und die Anpassung an den spezifischen Kontext und die Besonderheiten des Datensatzes sind entscheidend für den Erfolg. In Kombination mit anderen Datenbereinigungs- und Abgleichstrategien bieten phonetische Algorithmen eine leistungsstarke Lösung zur Maximierung der Genauigkeit und Nützlichkeit von Personen-Suchfeldern.

5. BEST PRACTICES UND RICHTLINIEN

5.1 Strategien zur laufenden Pflege und Aktualisierung von Personen-Suchfeldern

Die laufende Pflege und Aktualisierung von Personen-Suchfeldern ist ein unverzichtbarer Prozess für Organisationen, um die Integrität, Zuverlässigkeit und Nutzbarkeit ihrer Datenbestände zu gewährleisten. Angesichts der dynamischen Natur personenbezogener Informationen – Menschen ändern Namen, Adressen, Telefonnummern und andere relevante Daten – erfordert die Datenpflege eine kontinuierliche Aufmerksamkeit und die Anwendung bewährter Verfahren. Hier sind einige Best Practices und Richtlinien, die Organisationen dabei unterstützen können, ihre Personen-Suchfelder effektiv zu verwalten:

1. Regelmäßige Datenüberprüfungen:

    o Führen Sie in regelmäßigen Abständen systematische Überprüfungen der Datenbestände durch, um Ungenauigkeiten, Veraltungen und mögliche Duplikate zu identifizieren. Dies kann halbjährlich oder jährlich geschehen, abhängig vom Umfang der Daten und der Häufigkeit von Änderungen.

5. Best Practices und Richtlinien

2. Automatisierung der Datenaktualisierung:

    o Nutzen Sie automatisierte Tools und Softwarelösungen, die die Erkennung von Änderungen in Personen-Suchfeldern unterstützen. Beispielsweise können Datenabgleich-Tools dabei helfen, neue Informationen zu identifizieren und bestehende Datensätze entsprechend zu aktualisieren.

3. Feedback-Schleifen mit Nutzern:

    o Ermöglichen Sie Nutzern oder Kunden, ihre eigenen Daten zu überprüfen und Korrekturen oder Aktualisierungen vorzuschlagen. Dies kann über Online-Portale oder durch regelmäßige Aufforderungen zur Überprüfung der Daten erfolgen.

4. Schulung der Mitarbeitenden:

    o Stellen Sie sicher, dass Ihre Mitarbeitenden in den korrekten Verfahren zur Dateneingabe und -aktualisierung geschult sind. Dies umfasst Richtlinien zur Formatierung, zum Umgang mit Sonderfällen und zur Vermeidung von Fehlern bei der Datenerfassung.

5. Einführung von Datenqualitätsstandards:

    o Definieren Sie klare Standards und Richtlinien für die Qualität von Personen-Suchfeldern. Dies beinhaltet Vorgaben zur Formatierung, zur Voll-

5.1 Strategien zur laufenden Pflege und Aktualisierung von Personen-Suchfeldern

ständigkeit der Daten und zur Nutzung von Standardcodes (z.B. Ländercodes).

6. Nutzung von Datenbereinigungsdiensten:
   - Ziehen Sie die Verwendung externer Datenbereinigungs- und Anreicherungsdienste in Betracht, um die Aktualität und Genauigkeit der Personen-Suchfelder zu verbessern. Solche Dienste können helfen, Adressen zu validieren, Telefonnummern zu aktualisieren und E-Mail-Adressen auf Gültigkeit zu prüfen.

7. Datenschutz und Compliance:
   - Achten Sie darauf, dass alle Maßnahmen zur Datenpflege und -aktualisierung im Einklang mit den geltenden Datenschutzgesetzen und Bestimmungen stehen. Dies schließt die sichere Handhabung personenbezogener Daten und die Gewährleistung der Transparenz und Kontrolle für die betroffenen Personen ein.

Die Einhaltung dieser Best Practices und Richtlinien ermöglicht es Organisationen, ihre Personen-Suchfelder effizient und verantwortungsvoll zu verwalten. Die kontinuierliche Pflege und Aktualisierung dieser Daten trägt nicht nur zur Verbesserung der Datenqualität bei, sondern unterstützt auch eine datengestützte Entscheidungsfindung, optimiert Geschäftsprozesse und fördert das Vertrauen der Nutzer in die Datenverarbeitungspraktiken der Organisation.

5. Best Practices und Richtlinien

5.2 Qualitätskontrolle und Testing von Präparationsmethoden

Die Qualitätskontrolle und das Testing von Präparationsmethoden sind wesentliche Bestandteile im Prozess der Datenbereinigung, die sicherstellen, dass die angewandten Verfahren effektiv zur Verbesserung der Datenqualität beitragen. Diese Schritte dienen dazu, die Konsistenz, Genauigkeit und Zuverlässigkeit der bearbeiteten Daten zu überprüfen und zu validieren, bevor sie für weitere Analysen, Berichte oder operative Prozesse genutzt werden. Hier sind zentrale Aspekte und Richtlinien für die Durchführung einer effektiven Qualitätskontrolle und das Testing von Präparationsmethoden:

1. Entwicklung von Qualitätsstandards:

    o Definieren Sie klare und messbare Qualitätsstandards für die bearbeiteten Daten. Diese Standards sollten sich auf Genauigkeit, Vollständigkeit, Konsistenz und Aktualität der Daten konzentrieren.

2. Implementierung von Validierungsregeln:

    o Setzen Sie automatisierte Validierungsregeln ein, um die Einhaltung der festgelegten Qualitätsstandards zu überprüfen. Dies kann die Überprüfung von Formatierungen, die Einhaltung von

5.2 Qualitätskontrolle und Testing von Präparationsmethoden

Wertebereichen und die Konsistenz von Schlüsselinformationen umfassen.

3. Testdatensätze:

   o Erstellen Sie repräsentative Testdatensätze, die eine breite Palette von Szenarien und potenziellen Datenfehlern abdecken. Diese Datensätze sollten verwendet werden, um die Effektivität der Präparationsmethoden zu testen und zu bewerten.

4. Durchführung von Testläufen:

   o Führen Sie Testläufe mit den Präparationsmethoden durch, um ihre Funktionalität und Effektivität unter verschiedenen Bedingungen zu überprüfen. Analysieren Sie die Ergebnisse, um Bereiche für Verbesserungen zu identifizieren.

5. Benchmarking und Leistungsvergleiche:

   o Vergleichen Sie die Performance der Präparationsmethoden gegenüber festgelegten Benchmarks oder früheren Versionen der Datenbearbeitung. Dies hilft, Fortschritte in der Datenqualität quantifizierbar zu machen.

6. Feedback-Integration:

   o Sammeln und integrieren Sie Feedback von Nutzern und Stakeholdern, die mit den bearbeiteten Daten arbeiten. Nutzerfeedback kann wertvolle

5. Best Practices und Richtlinien

Einsichten in die Praxistauglichkeit der Präparationsmethoden bieten.

7. Dokumentation und Berichterstattung:

    o Dokumentieren Sie die angewandten Präparationsmethoden, Testverfahren und Ergebnisse der Qualitätskontrolle. Eine transparente Berichterstattung unterstützt die Nachvollziehbarkeit und das Vertrauen in die Datenbearbeitung.

8. Kontinuierliche Verbesserung:

    o Nutzen Sie die Erkenntnisse aus der Qualitätskontrolle und dem Testing, um die Präparationsmethoden kontinuierlich zu verbessern. Ein iterativer Ansatz ermöglicht es, auf Veränderungen in den Daten oder den Anforderungen flexibel zu reagieren.

Die systematische Qualitätskontrolle und das gründliche Testing von Präparationsmethoden sind entscheidend, um die Integrität und den Wert der Datenbestände zu sichern. Durch die Anwendung dieser Best Practices können Organisationen sicherstellen, dass ihre Datenbereinigungs- und -aufbereitungsprozesse zuverlässige und hochwertige Daten liefern, die als solide Grundlage für Entscheidungsfindungen und operative Prozesse dienen.

5.3 Datenschutzaspekte bei der Bearbeitung von Personenbezogenen Daten

Der sorgfältige Umgang mit personenbezogenen Daten, insbesondere im Kontext ihrer Bearbeitung und Bereinigung, ist nicht nur eine Frage der ethischen Verantwortung, sondern auch eine rechtliche Notwendigkeit. Datenschutzaspekte spielen eine zentrale Rolle, um die Privatsphäre von Individuen zu schützen und die Einhaltung gesetzlicher Bestimmungen sicherzustellen. Folgende Richtlinien und Best Practices sollten berücksichtigt werden, um Datenschutzaspekte bei der Bearbeitung von personenbezogenen Daten angemessen zu adressieren:

1. Kenntnis der Datenschutzgesetze:

    o Eine gründliche Kenntnis der anwendbaren Datenschutzgesetze und -richtlinien, wie die Europäische Datenschutz-Grundverordnung (DSGVO) oder ähnliche Regelungen in anderen Jurisdiktionen, ist unerlässlich. Diese Gesetze definieren die Rahmenbedingungen für die Sammlung, Verarbeitung und Speicherung von personenbezogenen Daten.

2. Datenschutz durch Technikgestaltung (Privacy by Design):

    o Integrieren Sie Datenschutzprinzipien bereits in der Entwicklungsphase von Datenbearbeitungs-

5. Best Practices und Richtlinien

und -bereinigungssystemen. Dies umfasst Maßnahmen zur Datensparsamkeit, Verschlüsselung und Anonymisierung, um die Sicherheit und den Schutz der Daten zu gewährleisten.

3. Einholung von Einwilligungen:
    o Stellen Sie sicher, dass eine gültige Einwilligung von den betroffenen Personen für die Verarbeitung ihrer Daten vorliegt, sofern diese erforderlich ist. Die Einwilligung muss spezifisch, informiert und freiwillig sein.

4. Transparenz und Informationspflichten:
    o Informieren Sie die betroffenen Personen transparent über die Art, den Umfang und den Zweck der Datenverarbeitung sowie über ihre Rechte im Hinblick auf ihre Daten. Dies schließt auch Informationen über Datenbereinigungs- und Aufbereitungsprozesse ein.

5. Zugriffs- und Berichtigungsrechte:
    o Gewähren Sie den betroffenen Personen Zugriff auf ihre gespeicherten personenbezogenen Daten und ermöglichen Sie die Korrektur falscher oder veralteter Informationen.

6. Datensicherheit:
    o Implementieren Sie angemessene technische und organisatorische Sicherheitsmaßnahmen, um

5.3 Datenschutzaspekte bei der Bearbeitung von Personenbezogenen Daten

personenbezogene Daten vor unbefugtem Zugriff, Verlust oder Beschädigung zu schützen. Dies beinhaltet auch Sicherheitsprotokolle für die Datenbereinigung und -aufbereitung.

7. Datenminimierung:
   - Beschränken Sie die Verarbeitung personenbezogener Daten auf das für den Verarbeitungszweck notwendige Maß. Nicht mehr benötigte Daten sollten sicher gelöscht oder anonymisiert werden.

8. Dokumentation und Nachweisführung:
   - Führen Sie eine sorgfältige Dokumentation über Datenverarbeitungsaktivitäten, einschließlich der Maßnahmen zur Datenbereinigung und -aufbereitung, um die Einhaltung der Datenschutzgesetze nachzuweisen.

Die Beachtung dieser Datenschutzaspekte ist entscheidend, um das Vertrauen der Personen in die Verarbeitung ihrer Daten zu stärken und rechtliche Risiken für die Organisation zu minimieren. Ein proaktiver und verantwortungsvoller Umgang mit personenbezogenen Daten bildet die Grundlage für datenschutzkonforme Datenbearbeitungsprozesse.

6. FALLSTUDIEN UND ANWENDUNGSBEISPIELE

6.1 Erfolgreiche Projekte zur Dublettenvermeidung durch geeignete Präparation

In einer Welt, die von Daten angetrieben wird, ist die Qualität der Informationen, mit denen Unternehmen arbeiten, entscheidend für ihren Erfolg. Ein zentrales Problem, das viele Unternehmen betrifft, ist die Präsenz von Dubletten in ihren Datenbanken. Dubletten können zu ineffizienten Geschäftsprozessen, ungenauen Analysen und letztendlich zu finanziellen Verlusten führen. Daher ist die Vermeidung von Dubletten durch geeignete Präparation von Personen-Suchfeldern ein kritischer Schritt in der Datenverwaltung. Hier beleuchten wir zwei Fallstudien, die die erfolgreiche Umsetzung solcher Projekte demonstrieren.

Fallstudie 1: Ein globales Finanzinstitut

Ein führendes globales Finanzinstitut stand vor der Herausforderung, die Integrität seiner Kundendatenbank zu wahren. Mit Kunden auf der ganzen Welt war die Datenbank des Instituts mit Millionen von Einträgen gefüllt, die zahlreiche Dubletten enthielten. Das Projektteam implementierte eine umfassende Strategie zur Datenpräparation, die eine Normalisierung von Vor- und Nachnamen, die Standardisierung von Adressformaten und die Normalisierung von Kontaktdaten umfasste. Durch den Einsatz von phonetischen Algorithmen zur Dublettenvermeidung konnte das Institut die Anzahl der Dubletten signifikant reduzieren. Das Ergebnis war eine saubere, effizient organisierte Datenbank, die präzisere Kundensegmentierungen und gezieltere Marketingkampagnen ermöglichte.

Fallstudie 2: Ein E-Commerce-Riese

Ein führendes Unternehmen im E-Commerce-Bereich sah sich mit dem Problem konfrontiert, dass seine umfangreiche Kunden- und Produkt-Datenbank von Dubletten durchsetzt war. Dies führte zu Problemen bei der Kundenkommunikation, Lagerhaltung und letztendlich bei der Kundenzufriedenheit. Das Unternehmen setzte auf eine Kombination aus Softwarelösungen und spezifischen Präparationsmethoden für seine Daten. Insbesondere wurde Wert auf die Bereinigung und Konsolidierung von Adresszusätzen und die einheitliche Formatierung von Telefonnummern und E-Mail-Adressen gelegt. Das Projekt führte zu einer deutlichen Verringerung der Dubletten und optimierte die Prozesse der Lagerhaltung und des Kundenservices. Darüber hinaus verbesserte sich die Zielgenauigkeit der Marketingkampagnen, was zu erhöhten Konversionsraten führte.

Diese Fallstudien illustrieren, dass durch die geeignete Präparation von Datenbeständen nicht nur Dubletten vermieden, sondern auch die Effizienz von Geschäftsprozessen gesteigert werden kann. Die Schlüssel zum Erfolg lagen in der sorgfältigen Analyse der vorhandenen Daten, der Auswahl der richtigen Werkzeuge und Methoden für die Datenpräparation sowie in der kontinuierlichen Überwachung und Anpassung der Datenqualitätsstrategien. Durch die Fokussierung auf diese Aspekte können Unternehmen aller Größen und Branchen die Qualität ihrer Datenbestände signifikant verbessern und so einen Wettbewerbsvorteil erzielen.

6.2 Analyse von Problemfällen und deren Lösungsansätze

Die Analyse von Problemfällen im Umgang mit Dubletten in Datenbeständen und die Entwicklung von effektiven Lösungsansätzen sind entscheidende Schritte für Unternehmen, die ihre Datenqualität verbessern möchten. In der Praxis treten verschiedene Szenarien auf, die spezifische Herausforderungen darstellen und individuelle Lösungsstrategien erfordern. Hier beleuchten wir beispielhaft zwei solche Problemfälle und skizzieren die jeweils angewandten Lösungsansätze.

Problemfall 1: Inkonsistente Namenseingaben

Ein häufiges Problem, das die Entstehung von Dubletten begünstigt, sind inkonsistente Namenseingaben. Diese können durch Tippfehler, unterschiedliche Schreibweisen oder die Verwendung von Spitznamen entstehen. Ein Telekommunikationsunternehmen identifizierte dieses Problem, als es feststellte, dass Kunden in seiner Datenbank unter verschiedenen Namen mehrfach geführt wurden, was die Kundenkommunikation und -betreuung erschwerte.

Lösungsansatz:

Zur Lösung dieses Problems führte das Unternehmen eine Reihe von Maßnahmen ein, darunter:

6.2 Analyse von Problemfällen und deren Lösungsansätze

- Die Implementierung von Namensfeld-Normalisierung, um eine konsistente Schreibweise von Namen zu gewährleisten.
- Die Einführung einer automatisierten Prüfung auf Tippfehler und häufige Varianten von Namen.
- Die Anwendung phonetischer Algorithmen, die es ermöglichten, ähnlich klingende Namen zu erkennen und zu konsolidieren.

Problemfall 2: Adressvariationen

Ein weiteres Problem, das zu Dubletten führt, sind Variationen in der Adressangabe. Unterschiedliche Formate, fehlerhafte Postleitzahlen und variierende Schreibweisen von Straßennamen können dazu führen, dass dieselbe Adresse mehrfach in einem Datenbestand vorhanden ist. Ein Online-Händler stieß auf dieses Problem, was zu Schwierigkeiten bei der Auslieferung von Bestellungen führte.

Lösungsansatz:

Um die Herausforderungen im Zusammenhang mit Adressvariationen zu bewältigen, implementierte der Händler folgende Strategien:

- Standardisierung der Adressformate basierend auf nationalen und internationalen Normen.
- Einsatz von Adressvalidierungstools, die Eingaben in Echtzeit überprüfen und korrigieren.
- Integration eines Systems zur Adressbereinigung, das regelmäßig den gesamten Datenbestand durchläuft und

6. FALLSTUDIEN UND ANWENDUNGSBEISPIELE

Dubletten sowie fehlerhafte Einträge identifiziert und korrigiert.

Diese Lösungsansätze demonstrieren, wie durch die Kombination von technologischen Werkzeugen und klaren Datenmanagement-Strategien Probleme, die zur Entstehung von Dubletten führen, effektiv angegangen werden können. Entscheidend ist dabei nicht nur die Auswahl der richtigen Tools, sondern auch die kontinuierliche Pflege und Überwachung der Datenqualität, um langfristig eine hohe Datenintegrität zu gewährleisten.

7. FAZIT UND AUSBLICK

7.1 Zusammenfassung der Kernpunkte

Das Fazit und der Ausblick im Kontext der Dublettenvermeidung in Datenbeständen sind von entscheidender Bedeutung, um die Weichen für eine datengesteuerte Zukunft zu stellen. Die Kernpunkte aus den vorhergehenden Abschnitten unterstreichen die Notwendigkeit einer sorgfältigen und methodischen Herangehensweise an das Problem der Dubletten in Datenbanken. Hier fassen wir die wichtigsten Erkenntnisse zusammen:

1. **Wichtigkeit der Datenqualität:** Die Qualität der Daten spielt eine zentrale Rolle für den Erfolg unternehmerischer Entscheidungen und Operationen. Dubletten können zu ineffizienten Geschäftsprozessen, falschen Analysen und Entscheidungen sowie zu einer Verschlechterung der Kundenbeziehungen führen.

2. **Prävention vor Korrektur:** Es hat sich gezeigt, dass präventive Maßnahmen zur Vermeidung von Dubletten effektiver und kosteneffizienter sind als die nachträgliche Korrektur von Daten. Eine sorgfältige Präparation von Personen-Suchfeldern und die Implementierung von Standardisierungs- und Validierungsprozessen sind essenziell.

3. **Technologie als Hilfsmittel:** Die Fortschritte in der Technologie, insbesondere in den Bereichen Datenbe-

reinigung und -analyse, bieten leistungsstarke Werkzeuge zur Unterstützung der Dublettenvermeidung. Der Einsatz von phonetischen Algorithmen, Datenvalidierungstools und maschinellem Lernen kann erheblich zur Verbesserung der Datenqualität beitragen.

4. **Kontinuierliche Datenpflege:** Dublettenvermeidung ist kein einmaliges Projekt, sondern ein fortlaufender Prozess. Die kontinuierliche Überwachung und Pflege der Datenbestände sichert langfristig die Datenintegrität und -qualität.

5. **Bewusstsein und Schulung:** Die Sensibilisierung und das Training von Mitarbeitern, die mit der Dateneingabe und -verarbeitung betraut sind, ist ein wichtiger Schritt, um Fehler bei der Datenerfassung zu minimieren und ein Bewusstsein für die Bedeutung hochwertiger Daten zu schaffen.

Ausblick:

Die Zukunft der Dublettenvermeidung sieht vielversprechend aus, da neue Technologien und Methoden weiterentwickelt werden. Künstliche Intelligenz wird voraussichtlich eine noch größere Rolle bei der Identifizierung und Vermeidung von Dubletten spielen, indem sie Muster erkennt und Prozesse automatisiert, die bisher manuelle Eingriffe erforderten. Zudem wird die zunehmende Vernetzung von Datenbanken und die Implementierung von Blockchain-Technologien für transparentere und sicherere Datenhaltung sorgen. Unternehmen, die in ihre Datenpflege investieren und den neuesten Entwicklungen aufmerksam folgen, werden in der Lage sein, ihre Daten effektiver zu nutzen und einen Wettbewerbsvorteil im digitalen Zeitalter zu erzielen.

7.2 Empfehlungen für die Implementierung in der Praxis

Die Implementierung effektiver Maßnahmen zur Dublettenvermeidung in Datenbeständen ist ein entscheidender Schritt für Unternehmen, um die Qualität ihrer Daten zu sichern und die damit verbundenen operativen Herausforderungen zu bewältigen. Im Folgenden werden praxisorientierte Empfehlungen gegeben, die Organisationen dabei unterstützen sollen, eine robuste Strategie zur Vermeidung von Dubletten zu entwickeln und umzusetzen.

1. **Feststellung des Ist-Zustands:** Es essenziell, zunächst den aktuellen Zustand der Datenbestände und die Notwendigkeit einer Verbesserung des Zustands zu erkennen. Identifizieren Sie, wo und warum Dubletten entstehen. Dies kann durch eine Kombination aus manueller Überprüfung und automatisierten Tools erfolgen.

2. **Erstellung klarer Datenstandards:** Definieren Sie klare Richtlinien für die Dateneingabe, -speicherung und -verarbeitung. Dazu gehören Namenskonventionen, Adressformate und die Handhabung von Kontaktdaten. Diese Standards sollten unternehmensweit kommuniziert und angewandt werden.

7. Fazit und Ausblick

3. **Implementierung von Validierungstools:** Nutzen Sie Softwarelösungen, die Daten bei der Eingabe in Echtzeit oder auch im Batchverfahren validieren. Dies hilft, Fehler und Inkonsistenzen zu minimieren, die später zu Dubletten führen können.
4. **Einsatz von Datenbereinigungstools:** Investieren Sie in Tools zur Datenbereinigung, die Dubletten erkennen und zusammenführen können. Wählen Sie Lösungen, die sich in Ihre bestehenden Systeme integrieren lassen und eine hohe Flexibilität bei der Anpassung an Ihre spezifischen Anforderungen bieten.
5. **Regelmäßige Schulungen und Sensibilisierung:** Schulen Sie Ihre Mitarbeiter regelmäßig im Umgang mit Daten und im Bewusstsein für die Bedeutung von Datenqualität. Mitarbeiter sollten die Auswirkungen von Dubletten verstehen und wissen, wie sie durch sorgfältige Dateneingabe dazu beitragen können, diese zu vermeiden.
6. **Kontinuierliche Überwachung und Pflege:** Dublettenvermeidung ist kein einmaliges Projekt, sondern erfordert kontinuierliche Aufmerksamkeit. Implementieren Sie Routinen zur regelmäßigen Überprüfung und Bereinigung Ihrer Datenbestände.
7. **Feedbackschleifen etablieren:** Schaffen Sie Mechanismen, mit denen Mitarbeiter Unstimmigkeiten in den Daten leicht melden können. Dies fördert eine Kultur der kontinuierlichen Verbesserung und hilft, Probleme frühzeitig zu identifizieren.

7.2 Empfehlungen für die Implementierung in der Praxis

8. **Technologische Entwicklungen beobachten:** Bleiben Sie auf dem Laufenden über Technologien und Methoden im Bereich der Datenverarbeitung und Dublettenvermeidung.

9. **Datenschutz und Compliance berücksichtigen:** Stellen Sie sicher, dass alle Maßnahmen zur Dublettenvermeidung im Einklang mit den geltenden Datenschutzgesetzen und Compliance-Vorschriften stehen. Datenschutz sollte bei der Implementierung von Datenbereinigungs- und -verwaltungsprozessen immer eine zentrale Rolle spielen.

Durch die Umsetzung dieser Empfehlungen können Unternehmen die Integrität ihrer Datenbestände verbessern, operative Effizienz steigern und letztlich ihre Wettbewerbsfähigkeit in einer zunehmend datengetriebenen Welt sichern.

ANHANG

Glossar

Adressformatierung: Standardisierung von Adressdaten, um die Konsistenz über verschiedene Datensätze hinweg sicherzustellen.

Adressvalidierung: Überprüfung der Korrektheit und Vollständigkeit von Adressdaten.

API (Application Programming Interface): Schnittstelle, die es Programmen ermöglicht, mit anderen Softwarekomponenten zu interagieren, oft genutzt für Datenintegration.

Batchverarbeitung: Verarbeitung von großen Mengen an Daten in einem Durchlauf, oft genutzt für Datenbereinigungsprozesse.

Big Data: Sammlung großer und komplexer Datenmengen, deren Bearbeitung spezielle Technologien und Methoden erfordert.

Business Intelligence (BI): Technologien und Praktiken für die Sammlung, Integration, Analyse und Präsentation von Geschäftsinformationen. Ziel ist es, bessere Geschäftsentscheidungen zu treffen.

Cloud Computing: Bereitstellung von IT-Infrastruktur und Dienstleistungen über das Internet, ermöglicht skalierbare Datenverarbeitung und -speicherung.

Compliance Management: Management der Einhaltung von gesetzlichen Vorschriften und Unternehmensrichtlinien, besonders wichtig bei der Verarbeitung von Daten.

Compliance: Einhaltung von gesetzlichen und regulatorischen Anforderungen im Zusammenhang

CRM-Systeme (Customer Relationship Management): Technologische Systeme zur Verwaltung von Kundeninformationen und -interaktionen.

Data Governance: Steuerung und Verwaltung von Daten innerhalb einer Organisation, um Datenqualität und -zugänglichkeit zu gewährleisten.

Data Matching: Prozess des Vergleichens von Datensätzen, um Übereinstimmungen oder Duplikate zu identifizieren.

Data Mining: Prozess der Entdeckung von Mustern und Informationen in großen Datenmengen durch verschiedene Techniken wie Statistik, maschinelles Lernen und Datenbank-Systeme.

Data Warehousing: Technik zur elektronischen Speicherung großer Datenmengen, die von Unternehmen zur Unterstützung von Entscheidungsprozessen genutzt wird.

Daten-Profiling: Analyse der vorhandenen Daten, um Muster, Anomalien und Abhängigkeiten zu erkennen, oft verwendet zur Qualitätsbewertung von Daten.

Daten-Transformation: Umwandlung von Daten von einem Format oder Struktur in eine andere, oft als Teil der Datenbereinigung.

Datenanalyse: Untersuchung von Datenbeständen zur Gewinnung von Einsichten und zur Unterstützung von Entscheidungsprozessen.

Datendemokratisierung: Der Zugang und die Nutzung von Daten durch möglichst viele Nutzer innerhalb einer Organisation, um Entscheidungen und Innovation zu fördern.

Datenintegrität: Die Genauigkeit und Konsistenz von Daten im Zeitverlauf.

Datenkonsolidierung: Zusammenführung von Daten aus verschiedenen Quellen zu einem einheitlichen Set.

Datenmigration: Übertragung von Daten von einem System oder Format in ein anderes.

Datenmodellierung: Prozess der Erstellung eines Datenmodells, das die Struktur der Daten für spezifische Datenbanken oder Systeme definiert.

Datenpräparation: Prozesse und Techniken zur Bereinigung und Organisation von Daten, um Fehler und Dubletten zu minimieren.

Datenredundanz: Das unnötige Vorhandensein doppelter Daten in einem Datenbestand.

Datenschutz: Maßnahmen und Vorschriften zum Schutz personenbezogener Daten.

Datensicherheit: Maßnahmen zum Schutz von Daten vor unbefugtem Zugriff und Missbrauch.

Datenvalidierungstools: Softwaretools, die Daten überprüfen und korrigieren, um die Genauigkeit und Konsistenz zu gewährleisten.

Datenverarbeitungsrichtlinien: Regeln und Verfahren für die Handhabung und Verarbeitung von Daten in einer Organisation.

Deduplizierung: Prozess zum Identifizieren und Entfernen von Duplikaten in Datenbeständen.

Dubletten: Duplikate oder mehrfache Einträge identischer Datensätze, die in Datenbanken auftreten können.

E-Mail-Normalisierung: Vereinheitlichung von E-Mail-Adressformaten zur Reduzierung von Inkonsistenzen.

Entity Resolution: Prozess der Bestimmung, ob zwei Datensätze dieselbe reale Welt Entität darstellen.

Fehlerkorrektur: Prozesse zur Identifizierung und Korrektur von Fehlern in Datenbeständen.

Fuzzy Logic: Ansatz in der Datenverarbeitung, der Unschärfen in den Daten akzeptiert, um bessere, realitätsnahe Ergebnisse zu erzielen.

Information Lifecycle Management (ILM): Strategien zur Verwaltung von Daten während ihres gesamten Lebenszyklus, von der Erstellung bis zur Löschung.

Kontaktdatenbereinigung: Prozess zur Korrektur und Vereinheitlichung von Telefonnummern und E-Mail-Adressen.

Machine Learning: Anwendung von Algorithmen und statistischen Modellen, die Computern das Erkennen von Mustern in Daten ermöglichen, oft verwendet für Datenanalyse.

Matching-Software: Softwaretools, die speziell entwickelt wurden, um Datenabgleiche durchzuführen und Duplikate zu identifizieren.

Merge/Purge: Prozess des Zusammenführens und Bereinigens von Datenbeständen, um Duplikate zu eliminieren und die Datenintegrität zu verbessern.

Metaphone und Double Metaphone: Weiterentwicklungen phonetischer Algorithmen, die eine breitere Palette von Klangvariationen abdecken.

Namensfeld-Normalisierung: Prozess zur Vereinheitlichung der Schreibweisen von Vor- und Nachnamen.

Normalisierung: Anpassung von Daten an einheitliche Formate und Standards zur Reduzierung von Inkonsistenzen.

OLAP (Online Analytical Processing): Kategorie von Softwaretools, die eine schnelle Analyse von mehrdimensionalen Daten unterstützen.

Personen-Suchfelder: Spezifische Datenfelder in Datenbanken, die personenbezogene Informationen wie Namen und Adressen enthalten.

Phonetische Algorithmen: Techniken zur Erkennung von Ähnlichkeiten in der Aussprache von Wörtern, hilfreich zur Dublettenvermeidung in Datenbeständen.

Qualitätskontrolle: Überwachung und Prüfung der Datenqualität, um sicherzustellen, dass die Daten den Anforderungen entsprechen.

Record Linkage: Technik zum Verknüpfen von Datensätzen aus verschiedenen Quellen, die sich auf denselben Entität beziehen, aber unterschiedlich repräsentiert werden.

Regelbasierte Systeme: Systeme, die auf festgelegten Regeln basieren, um Daten zu verarbeiten und zu validieren.

Soundex: Ein phonetischer Algorithmus, der Namen auf der Basis ihres klanglichen Erscheinungsbildes kodiert.

GLOSSAR

Stammdatenmanagement: Verwaltung der Kerngeschäftsdaten einer Organisation zur Sicherstellung der Datenqualität und Konsistenz.

Verzeichnis der TOLERANT Softwareprodukte

Die TOLERANT Software GmbH bietet eine Reihe von hochentwickelten Tools an, die darauf ausgelegt sind, Unternehmen in verschiedenen Aspekten des Datenmanagements zu unterstützen. Diese Produkte ermöglichen eine verbesserte Datenqualität, Compliance mit regulatorischen Anforderungen und effizientere Geschäftsprozesse. Im Folgenden wird eine Übersicht über die Kernprodukte von TOLERANT und ihre spezifischen Funktionen gegeben.

1. **TOLERANT Match**

    - **Funktion:** Dieses Tool dient der Identifikation und Zusammenführung von Duplikaten innerhalb von Datenbeständen. Es ermöglicht eine effiziente und präzise Datenbereinigung, was die Grundlage für zuverlässige Analysen und Geschäftsentscheidungen bildet.

2. **TOLERANT Post**

    - **Funktion:** TOLERANT Post gewährleistet die Korrektheit und Vollständigkeit von Adressdaten. Es unterstützt die Standardisierung und Bereinigung von Adressinformationen, was nicht nur die Kundenkommunikation optimiert, sondern auch die Zustellbarkeit von postalischen Sendungen verbessert.

3. TOLERANT PostBatch

- **Funktion:** Ähnlich wie TOLERANT Post, jedoch ausgelegt für die Verarbeitung großer Datenmengen in Batch-Verfahren. Es bietet eine umfassende Lösung zur Adressprüfung und -korrektur auf Unternehmensebene.

4. TOLERANT Scan

- **Funktion:** Dieses Tool scannt und analysiert Kundendaten auf mögliche Risikofaktoren und Unregelmäßigkeiten. Es ist besonders nützlich für die Überprüfung der Datenqualität und Integrität in Echtzeit.

5. TOLERANT MPM (Marketing Permission Management)

- **Funktion:** MPM verwaltet die Einwilligungen und Berechtigungen für Marketingaktivitäten und stellt sicher, dass alle Kundenkommunikationen den gesetzlichen Vorgaben und den Wünschen der Kunden entsprechen.

6. TOLERANT PEP

- **Funktion:** Ein spezialisiertes Tool zur Identifizierung politisch exponierter Personen (PEPs) in Kunden- und Geschäftspartnerdaten. Es hilft Unternehmen, Compliance-Anforderungen wie die Anti-Geldwäsche-Richtlinien (AML) zu erfüllen.

7. TOLERANT Sanction

- **Funktion:** Dieses Tool überprüft Personen und Unternehmen gegen nationale und internationale Sanktionslisten. Es ist entscheidend für die Einhaltung von Compliance-Vorschriften und verhindert Geschäftsbeziehungen mit sanktionierten Einheiten.

Diese Produktreihe von TOLERANT deckt ein breites Spektrum an Funktionen ab, von der Datenbereinigung über Compliance-Überwachung bis hin zum Management von Kundenberechtigungen, und bietet damit umfassende Unterstützung für das Datenmanagement in modernen Unternehmen.